STRAŻNIK DUSZ

Strażnik Dusz

ALDIVAN TORRES

Canary Of Joy

Contents

1

Strażnik Dusz
Aldivan Torres
Strażnik Dusz

Aldivan Torres
© 2018-Aldivan Torres
Wszystkie prawa są zarezerwowane.

ta książka elektroniczna, w tym wszystkie jego części, jest chroniony przez Copyright i nie może być odtwarzany bez pozwolenia autora, odsprzedaży lub pobrania.

Aldivan Torres jest skonsolidowanym pisarzem w kilku gatunkach. Do tej pory ma tytuły opublikowane w dziewięciu językach. Od początku był kochankiem sztuki pisania skonsolidowanym zawodowym karierą z drugiej połowy 2013 r. Ma nadzieję, że jego pisarstwo przyczyni się do rozwoju Pernambuco i kultury brazylijskiej oraz obudzi przyjemność czytania w tych, którzy jeszcze nie mają tego nałogu. Twoim zadaniem jest zdobyć serca każdego z waszych czytelników. Oprócz literatury, jej głównym gustem są muzyka, podróże, przyjaciółki, rodzina i przyjemność życia. „Dla literatury, równości, bractwa, sprawiedliwości, godności i honoru ludzkości zawsze są jego mottem.

„Mary jest wieżą Davida, z której Duch Święty mówi w świętych Pieśń:» Fortece powstają wokół niej; są zawieszone tysiące osłon i całą broń walki «; jesteście więc Błogosławioną Dziewicą, jak mówi Święty Męczennik Ignatiuk męczennik:» Niepodlegająca ochrona dla tych, którzy są zaangażowani w walkę «.

(Alphonsus Maria de Ligório)

Księga pozorów Matki Bożej Dziewicy
Matka Boża z Filaru
Zaragoza-Hiszpania-40

40 lat po śmierci Chrystusa, chrześcijański ruch był okrutnie prześladowany przez żydowskich elit, z których wielu chrześcijan zostało uwięzionych, a nawet zabitych. Jako alternatywa dla tego oporu, wysłali misjonarzy do innych regionów, aby rozszerzyć rozpowszechnienie boskiego słowa.

Święty James, major został zadany kazaniem w Hiszpanii, kraj położony w Europie Południowej. Przed wyjazdem przeprowadził jednak konsultacje z Marią Dziewicą, uznała matkę posłańców. Obaj byli bardzo powiązani z wiarą i sercem i nie mogli się rozdzielić bez oficjalnego pożegnania.

W dniu i czasie połączono się w Efezu, w domu najbardziej świętej matki, odbyło się spotkanie długotrwałe.

„Przyszedłem się pożegnać i poprosić o radę, moją matkę," powiedział św. James, gdy zbliżyła się do Matki Dziewicy.

"Moje serce cieszy się z waszej wizyty, dobry synu. Oto musisz zachować wiarę, przygotować się w obliczu trudności, naucz słowo energią, siłą i duchem wśród pogan. Chcę, abyście poznali moje pełne zaufanie do ich zdolności," Mary odpowiedziała.

„Dziękuję za słowa, błogosławiony! Jaki sygnał mi pan daje o moim wyjeździe do Hiszpanii? „James pytał.

"W odpowiednim czasie zobaczycie. Moim życzeniem jest, abyś zbudował Kościół w moim imieniu w Hiszpanii, poprosił mnie o oświecenie.

„Wasza prośba zostanie przyjęta. A teraz pozwólcie mi odejść, ponieważ podróż trwa długa," powiedział James.

„Idź w pokoju Chrystusa, synu," Mary życzyła.

„Bądź także w pokoju, moja matko," powiedział James.

James rozpoczął długą podróż do Europy. Po przybyciu do ziemi obiecanej był niestrudzony w Twoja praca katechety. W Zaragoza, w zimnej nocy, spotkał się ze swoimi uczniami, kiedy był zaskoczony głosami krzyczącymi: „Zdrowa Mario, Pełna Grace! W późniejszym momencie uklęknął przed jego widocznością: Wielokrotność Aniołów otoczyła najbardziej świętą matkę, która siedziała na filarach marmuru.

Grupa recytowała potężny statek, ekscytujący obecnych, którzy pomogli w wykonaniu. Na koniec tego wydarzenia matka Jezusa skontaktowała się:

„Tutaj, mój synu, jest to miejsce oznaczone i przeznaczone dla mojego honoru, w którym, z waszą opieką i moją pamięcią, chcę, by zbudowano Kościół. Trzymaj ten filar, gdzie siedzę, bo mój syn i twój mistrz wysłali go z nieba z ręki aniołów. Obok niego położysz ołtarz kaplicy, a w nim zadziała najwyższych znaków i cudów mojego wstawienia z tymi, którzy, w ich potrzebach, błagają mojego patrona tego, a ten słup pozostanie tutaj do końca świata i nigdy nie będzie brakować prawdziwych chrześcijan, którzy honorują imię Jezusa Chrystusa, mojego syna.

"Niech tak będzie, moja matka. (James)

Anioły porwały damę Niebios, zostawiając ją ponownie w domu. Zgodnie z rozkazem kaplica poświęcona oświeconym zaczęła być budowana z uczniami św. Jamesa jako doradców, ponieważ kierowała się do Jerozolimy. W drodze odwiedził Świętą Dziewicę, jego najlepszego przyjaciela. Kiedy stała przed nią, dwoje przytulało się i na końcu tego działania zaczęło mówić.

"Jak się masz, moja matko? „James pytał.

„Lepiej, teraz gdy jesteś synem serca. Jakie dobre wieści przyniosłeś z Hiszpanii?

„Sprawy się tam uspokoiły. Na twoją prośbę, zbudowano Kościół. James poinformował.

„Jestem radosny z tego, że Bóg nasz Pan cieszy się z waszej pracy, synu, ale to jeszcze nie koniec, mam złe poglądy na ciebie, modlę się za twe najlepsze!"

„Dokładnie jak te wizje? "Chciałem poznać ciekawego posłańca Jezusa.

"Widziałem, jak nadchodzi jego śmierć. Zapytajmy o siłę od naszego dobrego Boga i przyjmijmy nieuniknione. (Mary).

"Jestem gotowy! Nie mam nic przeciwko śmierci dla mojego Pana. Ile warte jest życie bez Jezusa? Odpowiadam sobie: nic! „James odpowiedział.

„Mam podziw za twoją odwagę. Po pierwsze, chcę, żebyś wiedział o mojej miłości do ciebie jako syna duchowego, który ujawnił święty.

" Czuję to samo, co ty byłaś moją prawdziwą matką. Śmierć nie ma siły, by nas rozdzielić, a mniej niszczyć naszą miłość, James został ogłoszony.

Przez jazdę, przytulali się i pocałowali ponownie. W tej krytycznej chwili decyzji oni otworzyli swoje serca tak jak nigdy wcześniej. Tak jak powiedzieli. Nie było nic, co mogłoby zniszczyć ich braterską miłość.

W końcu pożegnaliśmy się, James kontynuował podróż do Jerozolimy, gdzie w końcu został zabity przez swoich przeciwników. Dołączył do niezliczonych męczenników, którzy byli chrześcijaństwem z powodu prześladowania religijnego.

Cud naszej pani z filaru

To był rok 1637. Miguel Juan Pellicer był młodym hiszpańskim chłopem, który pracował na stronie wujka w Castellón. Kiedy poszedł do pracy, został potrącony przez potrącenie i pobiegł, co prowadzi do rachunku piszczelowego. Jak tylko znalazł go wujek, który leżał na ziemi, zabrał go do szpitala w Walencji, gdzie miał pokój awaryjny.

Jego sytuacja była poważna i gdy miał kilka środków medycznych, został wysłany do Zaragoza. W tym czasie jego prawa noga była już zgorzeli i jedynym rozwiązaniem było amputowanie jej. Minęło kilka miesięcy, a on pozostał w szpitalu w leczeniu. Kiedy go wypisano, zaczął mieszkać na ulicy w Zaragoza. On uczestniczył w masach i stał się oddany naszej Pani.

Dwa lata później postanowił wrócić do domu. Jego rodzina cieszyła się, że cię zobaczyła. Jednakże, ponieważ nie miałem nogi, nie mogłem pomóc im w pracy, która w sposób zasmuciła tego młodego człowieka tak pełnego życia.

Pewnej nocy powitali żołnierza kawalerii, który przechodził przez okolicę. Zaproponowali mu kolację i mieszkanie, bo noc była już wcześniej. Gość był wygodny w pokoju Miguela, a chłopak przeniósł się do pokoju rodziców.

Rano, kiedy się obudzili, poczuli silny zapach róż w pokoju i kiedy odwrócili się do syna, zauważyli coś zupełnie nowego: 2 stopy pokazano na końcu jego ciała. Wszyscy krzyczeli z niespodzianką, a gdy go budzę, wibrował z radością. Został natychmiast uzdrowiony przez wstawienie naszej pani, którego był pobożny. Wiadomości rozprzestrzeniają się w całym regionie jako prawdziwy cud.

Nasza dama Śniegu- 352

W tym czasie udana para opieki nad Bogiem i ich przykazania mieszkała w Rzymie. Ze względu na bezpłodność, nie mogli mieć dzieci i nie mieli nikogo, kto zostawił ich wielkie szczęście, by oddać je Kościołowi w poświęceniu dla świętej Dziewicy.

Pomyślałem o tym projekcie, że pewnej nocy miał sen, w którym nasza dama przekazała mu następującą wiadomość:

„Zbuduj bazylikę na wzgórzu rano, gdzie jutro spadnie śnieg.

Był to sierpnia, powszechnie w regionie było całkiem gorąco. Przez cudowne dzieło Marii Dziewicy, zasłaniała się w pełni pokrywając Górę Esquilino śniegiem. Wiadomości wkrótce rozprzestrzeniły się na całym świecie, z uderzającą obecnością elit chrześcijańskich odwiedzających stronę. Zgodnie z życzeniem Dziewicy Kościół zbudowano jej imię» Nasza Pani Śniegu «z powodu intrygującego zjawiska klimatycznego, które tam się pojawiło.

Nasza pani z Walshingham

Anglia - 1061

W odniesieniu do angielskiego świątyni zemsty dla naszej pani Walshingham przedstawia piękną historię wśród wielu powiązanych z matką Boga. Sprawdzimy to?

Mary najbardziej święta pojawiła się w snach Richeldis z Faverches, zabierając go duchowo do domu w Nazarety. W tym czasie zdecydowanie zwracał się o budowę podobnego domu w Walsingham. Po powtórzeniu tego marzenia trzy razy ostatecznie oddany dziewicy złożył wniosek.

Z trudnościami w zakończeniu prac wynikających ze środków, postanowił się dotknąć świętego. Niesamowicie, w pobliżu pojawiła się świątynia. Potem zaczęły się Masy, spotkania katechetyczne i grupy modlitewne, które tam zebrały. W tych chwilach niezliczone lekarstwa, cuda i porody są donoszone.

Wieści o wszystkich faktach wskazały, że kraj sprowadza do miejsca wielu pielgrzymów. Kaplice zostały wzniesione do sanktuarium, a obecnie nadal są dwie: Kaplica naszej Pani z Czerwonego Wzgórza i» Kaplica kapeluszy «.

W opowiadaniu był czas, kiedy to weneracja była prześladowana, która uległa zniszczeniu obrazu Mary. Trzy wieki później ta starożytna tradycja pojawiła się w obliczu pojawienia się różnych grup wspierających oddanie. W rezultacie przypominają obraz oprócz odbudowy i rozszerzenia tego, co zostało ze świątyni.

Dzięki Walshingham owi imię naszej pani jest powiększone w Anglii i nagrodą naszą ukochaną matkę jest doskonale opiekuńczą się swoimi angielskimi oddanymi przez nieznośną słodycz. Każdy, kto używa twojego imienia, nie jest do przetartych.

Nasza dama z Rosario

Prouille, Francja (1208)

To był niedzielny dzień. Jak zwykle, kaznodzieja Domingos de Gusmão, bojownik przed herezjami, modlił się na kolanach w kaplicy Prouille. W najgorętszym momencie modlitwy oto chmura spada do swej świątyni, zostawiając piękną kobietę z różowymi i jasnymi twarzami. Powiedziała mu:

„Jestem Mary, przyszedłem dać ci różaniec, klucz do pokoju i zbawienia ludzkiego, co więcej, cieszę się, że modlisz się codziennie na cześć mojego imienia. Zrób to i obiecuję wam upadek wrogów i herezji, przekazuj to innym braciom".

Rozszerzając ręce, oddał kawałek i uśmiechnął się. W odpowiedzi oddany jest:

"Ja zrobię to, co mam w mojej mocy, twoje życzenie się spełni!"

Kobieta wróciła do chmury i została wychowana na najwyższy z niebios znikający z widoku jej sługi. Domingos de Gusmão kontynuował pracę, co prowadzi do eliminacji herezji. Znowu serce Mary zwyciężyło!

Nasza dama z Góry Karmel

Aylesford, Anglia (1251)

Wrzosowiska dokonał silnego prześladowania chrześcijan. W tym kontekście Karmelitów zamieszkujący na Górze Karmel zostali zmasakrowani przez swoich wrogów. Ci, którzy zdołali się uratować, schronili się w Anglii wokół 1238.

Miejsce wybrane do znalezienia klasztoru to Aylesford, region o wielkiej naturalnej piękni. Po raz kolejny stawiali czoła oporności na ich sposób życia i przekonania. Z tym jedyną opcją, jaką mieli do przetrwania, była modlitwa. To była dokładnie ścieżka, która podążała za uprzednim generałem Karmelitów znanym jako Święty Simon Stock.

Tradycja głosi, że w noc intensywnych modlitw, on postanowił chronić Matkę Dziewicę przed turbulencjami. Jednym z tych zarzutów był ten słynny śpiew:

„Splendor nieba. Niezrównana Matka Dziewica.
Słodka matko, ale zawsze Virgo,
Bądź prorokiem dla Karmelitów, o Gwiazdo Morza. «

W chwili, gdy modlitwa się modliła, dziewica pojawiła się otoczona przez aniołów. Wyciągnął się i wręczył jej niegrzeczne powiedzenie:

„Przyjmij mojego ukochanego syna, ten blask twego rozkazu, znak mojej miłości, przywilej dla was i dla wszystkich Karmelitów: ten, kto z nim umrze, nie zostanie stracony. Oto znak mojego przymierza, zbawienie w niebezpieczeństwie, przymierze pokoju i wiecznej miłości.

„Dziękuję, droga matko. Obiecuję, że rozłożę ten symbol wśród braci Karmelitę, a w konsekwencji na całym świecie. W ten sposób jego imię będzie jeszcze bardziej chwalone wśród grzeszników "powiedział Simon Stock.

"Niech twoje słowa się spełnią! Po prostu bądź spokojny! „Matka dziewica życzyła.

I powiedział, że on wzrósł z aniołami do nieba błogosławionego. Od wyglądu świętego, Karmelitów nie byli już prześladowani, gdy wszyscy chrześcijanie chcieli rozszerzyć użycie szkaplerz. To był kolejny cudowny cud matki Jezusa.

Nasza pani z Góry Bérico

Vicenza-Włochy-1426

W okresie 1404–1428 miasto Vicenza cierpiało na jeden z największych kryzysów zdrowotnych wszechczasów. Wielu próbowało uciec od zarazy, zostawiło za sobą całe dziedzictwo i historię kulturową. W tym otoczeniu niepewności ręka Boga działała mocno.

W tamtym czasie mieszkała w mieście kobieta o imieniu Vincenza Pasini. Codziennie wspinała się na Górę Bérico, która zajmowała się jedzeniem męża, którego zadaniem było opiekowanie się winnicą. W jednej z tych okazji, kiedy dotarła na szczyt wzgórza, kobieta wydawała się niesamowicie ubrana na galę, jakby była królową. Strasznie oddany chrześcijanin spadł na ziemię w obliczu tak wspaniałego. Piękna dama zbliżyła się, otworzyła uśmiech i uspokoiła ją.

„Jestem Maryją Dziewicą, matką Chrystusa, która zmarła na krzyżu dla zbawienia ludzi. Proszę, abyście poszli do Vicenzy w moim imieniu, aby zbudować kościół na mój honor, jeśli chcecie odzyskać zdrowie, bo inaczej zaraza nie przestanie.

Służący był statyczny i szczęśliwy w obliczu obietnicy. Przez długi czas ludność wołała Bogu o litość, a w końcu przeszła przez matkę. Jednakże nadal miał wątpliwości, jak postąpić.

", Ale ludzie mi nie uwierzą. A gdzie, o wspaniała Matko, możemy znaleźć pieniądze na takie rzeczy?

„Będziecie nalegać, aby ci ludzie wykonali moją wolę, inaczej nie zostaną one dostarczone z zarazy; i dopóki on nie będzie posłuszny, to on zobaczy mojego wściekłego syna przeciwko niemu. Aby udowodnić to, co mówię, niech kopią tutaj, a z ogromnego, jałowego skała wyleje wodę, a kiedy zacznie się budowa, nie będzie braku pieniędzy.

„Czego powinniśmy oczekiwać od budowy sanktuarium?

Wszyscy, którzy odwiedzają ten kościół z oddaniem na moje uczty, i każdą niedzielę będą mieli dar obfitości bożej łask i miłosierdzie i błogosławieństwa mojej własnej ręki.

„Jestem zadowolony z twojego wsparcia. Zrobię, o co mnie prosisz.

„Dobrze, przepraszam. Muszę już iść! Bądź spokojny!

Niech tak będzie!

Dziewica matka wzdychała i stopniowo wznosiła się z góry. Za kilka chwil, zupełnie zniknie. Sama, medium poszedł zająć się obowiązkami jej dnia. Jak tylko możesz, rozpowiesz wiadomość od naszej Pani, jednak twoi rodacy nie złożyli sprawy na prośbę. Bardziej martwili się o siebie niż myślenie o relacjach z Bogiem. W związku z tym kryzys zdrowotny trwał.

Dwa lata później matka Boga pojawiła się w tych samych okolicznościach, powtarzając tę samą wiadomość. Zgodnie z zaleceniami, sługa Boga przekazała komunikat i tym razem została wysłuchana. Wkrótce po rozpoczęciu budowy nastąpiła częściowa poprawa stanu zdrowia miasta i po zakończeniu prac nastąpiła całkowita poprawa. To pokazuje boską opiekę dla twoich dzieci. Niech imię Mary będzie podziękowanie coraz bardziej za to wielkie cudo we Włoszech.

Nasza pani z Caravaggio

Włochy-1432

Caravaggio jest gminą włoską znajdującą się na granicy między stanami Mediolanu a Wenecją. Tym razem zaznaczono polityczne i religijne dążenia, niepokoje, prześladowanie heretyków i poważnych przestępstw. Ponadto doświadczył gumowego wojny między dwoma państwami: Republiką Wenecji i Księciem Mediolanu.

W tym katastrofalnym kontekście odbyła się pozorność dziewictwa Matki Boskiej. To było na łące zwanej Mezzolengo dla cierpiącej wieśniaczki, Joaneta Varoli. Była w momencie modlitwy, gdy zobaczyła kobietę zbliżającą się do królowej. Kiedy była blisko, powiedziała:

„Jestem matką całej ludzkości. Udało mi się ukryć przed chrześcijańskimi ludźmi zasłużonych kar boskiej sprawiedliwości i przyszedłem ogłosić pokój.

„Co powinniśmy zrobić, aby utrzymać nas pod Jego łaską? Zapytałeś Joaneta.

„Wróć do pokuty, szybko w piątki, modlić się w kościół w sobotę popołudnie za wydanie kar, i zbuduj kaplicę na cześć mojego imienia w to miejsce "prosił o nieskazitelne.

Jaką znak dajesz ludziom, że oni wierzą w ich słowa? Zapytał sługę.

„Ten!" Tak mówi nasza dama.

W tym samym momencie źródło czystej wody ze stóp Dziewicy.

„Ktokolwiek pije z tej wody, osiągnie pokój i uzdrawia się od swoich niedołężnych," Prometeusz boska matka.

Panie! Czy nie moglibyście zakończyć wojny w naszym kraju i szukać dobrej perswazji w kościołach?" Przyznał się do oddania.

"Każdego dnia modlę się o to, moje dziecko. Do tego zadania potrzebuję twojej współpracy. Chcę, żebyś stanął przeciwko władcom w moim imieniu, by przypieczętować porozumienie pokojowe. Z wiarą w Boga, odniesiemy sukces. Mogę na ciebie liczyć? Zapytała cudowną Mary.

"Oczywiście, moja matka. Wykonam to zadanie z przyjemnością "ten skromny mały, który zapewnił.

"Cieszę się. Teraz muszę wypełnić swoje zobowiązania w niebie. Po prostu bądź spokojny! „Mary życzyła.

"Niech tak będzie!

Joaneta przeniosła się z pola do domu, myśląc o wszystkim, co zostało powiedziane przez naszą damę. Niedługo przed tym, jak wprowadził plan Królowej w życie, odwiedzając rozbieżne strony wojny i przeciwieństwa Kościoła. Jako znak pozorów Dziewicy, przedstawił świętą wodę. Tym samym donoszono wiele cudów. Z czasem udało mu się przywrócić pokój we Włoszech i w Kościanie.

Nasza Pani Raju

Dolina Paradiso-Portugalia-1480

Pewnego dnia pasterz, który regularnie prowadził stada w okolicy znalazł malutki obraz Mary w pobliżu bagażnika. Obraz odzwierciedla jasne i święte światło, które trochę go przestraszyło. Próbując zbliżyć się do obrazu, nie mógł, bo światło było dość intensywne.

Potem poszedł powiedzieć księdzu parafialnemu, co się stało. Razem z nim poszli szukać obrazu. Tym razem udało im się zabrać święty obiekt do Kościoła. Kiedy to się stało, to było częścią popołudnia, gdy świątynia została zamknięta.

W nocy, gdy otworzyli drzwi budynku, znaleźli miejsce przy pustym obrazie. Kiedy poszli szukać, znaleźli obraz w tym samym miejscu, co wcześniej. Po raz drugi zabrali obraz do świątyni. Strategia ta nie pomogła jednak, ponieważ ponownie zniknął obraz. Próbowali po raz trzeci zabrać obraz z tym samym zjawiskiem. W tym czasie zdali sobie sprawę, że jest to miejsce obrazu w pobliżu bagażnika.

Zbudowali pustelnik na cześć świętego na miejscu. Od tamtej pory donoszono o wielu cudach dzięki wstawieniu Mary. Nasza Pani Raju stała się znana w Portugalii i na całym świecie.

Nasza dama z Gwadelupę

Meksyk-1531

Odkrycie Ameryki doprowadziło zarówno do rasy finansowej, jak i rasy religijnej, mającej na celu przekształcenie wyrozumiałość. Juan Diego był jednym z tych drugich, którzy oddali naszą damę. Pewnego razu, gdy szedł po wzgórzu Tepayac, poznał piękną kobietę otoczoną przez bardzo intensywne światło. Zainicjowała kontakt:

„Juanito, najmniejszy z moich dzieci, uczy się, że jestem Mary, zawsze dziewicą, matką Boga prawdziwego, który daje życie i utrzymuje istnienie. On stworzył wszystko. Jest wszędzie. Ponadto, jest Panem Nieba i Ziemi. Chciałbym, żeby świątynia została zbudowana dla mnie w tym miejscu, gdzie twoi ludzie doświadczają mojego współczucia, pomocy i ochrony. Wszyscy, którzy szczerze prosili o moją pomoc w swoich błędach i bólach, poznają moje serce Materną w tym miejscu. Tutaj zobaczę twoje łzy, pocieszę ich, a oni znajdą spokój. Więc biegnij do Tenochtitlan i powiedz Bishopowi wszystko, co widziałeś i słyszałeś.

"Zrobię, co każesz! » Prometeusz Juan.

"Jestem zadowolony z twoich słów. Z moim błogosławieństwem, pożegnam się teraz... Nasza matka przemówiła.

Natychmiast młody tubylec poszedł zająć się spełnieniem prośby. W tej chwili nadal bał się, jak przekazał tę ważną wiadomość i czy będzie tego wart. Była tylko pewna, że będzie się starał jak najlepiej. Po przybyciu do pałacu rano zaplanował rozmowę z lokalnym biskupem.

Poranek był skończony i tylko pod koniec dnia otrzymał autorytet. Dwie spotkały się w prywatnym biurze pałacu, dobrze odznaczone miejsce z wieloma kolorami, obrazami i rzeźbami religijnymi. W obliczu nieufności, pokorny sługa wzięła podłogę:

Panie Bishop, przyszedłem z tobą porozmawiać w imieniu naszej Pani. Chce budowy świątyni na wzgórzu Tepayac.

"Dla naszej pani? Jak to się stało? "Ciekawie pytał biskupa.

„Sama się pojawiła na wzgórzu, przekazując mi te słowa," powiedział Aztek Indianin.

Biskup zrobił śmieszną twarz. "Wyglądy? Poganie? W jego umysłowości, gdyby ktoś wybrał kogoś w Meksyku, by otrzymać tę wizję, to on byłby nim, a nie żadnym Indianinem. Dlatego nie przyznał słowa. Jednakże, aby nie zawieść swej wiary, obiecał:

"Rozważę prośbę naszej pani. Jeśli chcesz, możesz mnie odwiedzić innym razem.

„W porządku," Juan odpowiedział.

Opuszczając pałac, mały sługa zmierzał na wzgórze, gdzie spotkał się z dziwną damą. Był zdeterminowany.

Proszę, Mary, wybierz kogoś innego do tej misji. Biskup nigdy nie posłucha biednego Indianina.

„Słuchaj, mój synu, najdroższy: wiedz w twoim sercu, że nie ma kilku moich sług i posłańców, którym mogę dać ciężar, by wziął moją myśl i moje słowo, że oni spełnią moją wolę. Ale to absolutnie konieczne, abyś poszedł i sam o tym porozmawiał, i pomogła mi w tym, że moje pragnienie i moje się spełni.

"Jak mam to zrobić?

„Idź jutro porozmawiać z biskupem i powtórz prośbę.

"W porządku. Obiecuję.

Ostatnio, jak się zgodził, wrócił do pałacu. Jak za pierwszym razem musiał czekać kilka godzin, aż został traktowany w tym samym pokoju, co wcześniej.

"Znowu tu jesteś? Czego chcesz? Biskup pytał.

"Nalegam na prośbę naszej pani. Kiedy zaczniesz je wypełniać? „Zapytał Juana.

"Jak mam ci uwierzyć? Jaki dowód mam, że naprawdę jesteś jej wysłannikiem? „Biskup odpowiedział.

Czy to nie wy tak dużo gadacie o wierze? Dlaczego nie złożysz w tym przypadku? "Nacisnąłeś Juana.

„Nie ma za co. To zupełnie inne rzeczy. Idź i nie wracaj, dopóki nie dowiesz się, co mówisz. "Naprawdę? "Dał biskupowi ultimatum.

„Co? Nie mam wyboru, jak zaakceptować stan, odzwierciedlał Indianina.

"Nie zamierzam tego robić. Powodzenia! „Biskup zakończył.

Juan opuścił pałac wracając do swojego domu. Tam, znalazł swojego wujka całkiem chorego. Przez dwa dni robił wszystko, co w jego mocy, by poprawić wujka. Jednakże nic nie miało wpływu i tylko się pogorszyło. Po tym, jak chorzy oszukali, pierwszy poszedł szukać księdza, który dał mu skrajne namaszczenie.

Wściekły, musiał przejść przez wzgórze Tepayac. Ale jako zbyt zajęty, uniknął miejsca, w którym znalazł świętą dziewicę, żeby jej nie przeszkadzać. Tak to się stało. Nawet jeśli, przewidziałeś zmianę trasy. W ten sposób nieuchronne spotkanie miało miejsce.

"Dokąd się tak śpieszysz, Juan? "Zapytałem piękną kobietę.

"Znajdę księdza. Chcę, żeby mój wujek otrzymał skrajne namaszczenie, ponieważ jest bardzo chory "powiedział człowiek przebiegły.

„Słyszysz i trzymaj w sercu, mój synu, najdroższy: to nie jest nic, co cię przeraża i nie zabija, nie mamy tej choroby, ani żadnego innego cierpienia, ani czegoś niepokojącego. Nie jestem twoją matką? Nie jesteś pod moim cieniem i ochroną? Nie jestem twoim źródłem życia? Nie jesteś w mojej szacie, tylko tam, gdzie skręcam ramiona? Nie pozwól, by cię to niepokoiło ani nie spowodowało goryczy. Niech choroba wujka cię nie dotknie. Nie umrze od tej choroby. Uwierz w twoje serce, że już jest uzdrowiony. Nasza matka zapewniła.

"Wierzę! Jeśli chodzi o to, o co mnie prosiłaś, moja matka, biskup żąda od ciebie dowodu. Co mam zrobić? „Zapytał Juana.

„Idź na górę, mój synu, najdroższy, na wzgórzu, tam, gdzie widziałeś mnie i gdzie wydałem trzy rozkazy, w tym miejscu zobaczysz kilka kwiatów; skrót ich, zbierz je w szlafroku i zejdź tutaj, przyprowadzając je do mnie, i przyprowadzisz do mnie, Mary pytała.

„Natychmiast, moja matka.

Juan wspinał się na wzgórze, gdzie wybrał kwiaty. Opuszczając Mary, pokazał jej kwiaty, a ona włożyła je do szlafroka i mówi:

Mój synu, najdroższy, te kwiaty są dowodem, znakiem, który zabierzesz do Bishopa. Powiesz mu, żeby zobaczył, czego chcę i wykonał moją wolę. Jesteś moim ambasadorem, ufam ci. Zdecydowanie rozkazuję ci otworzyć koc tylko w obecności Bishopa i dowiedzieć się, co bierzesz. Powiesz mu wszystko, jak ci kazałem wspinać się na szczyt wzgórza i wszystko, co widziałeś i podziwiałeś. Dzięki temu zmienisz serce biskupa, tak, by uczynił to, co jest w jego mocy, by podnieść świątynię, o którą go poprosiłem.

On we mnie znajduje wiernego i oddanego sługę. Ja wypełnię waszą wolę.

"Jestem szczęśliwy z twojego oddania. Moja łaskawość zawsze będzie z tobą!

"Niech tak będzie, moja matko!

"Żegnaj, synu!

„Parzysty!

Dwa rozstania z Indianinem wypełniają swoje zobowiązania. Znowu poszedł na spotkanie z lokalnym biskupem.

„Przychodzę na rozkaz naszej Pani. Spotkałem ją ponownie i poprosiłem, żebym poszedł na wzgórze, i zabrałem kwiaty, które włożyła w szlafrok, a ponadto, że przyniosłem ci pokazać mu przed wami. To jest dokładnie znak, o który prosiłeś," Juan potwierdził.

"Więc pokaż mi! „Biskup pytał.

Otwarcie kominka zakończone się pięknym obrazem naszej pani. Natychmiast, biskup spadł na kolana. To był cud, że złamał oporność jego niewiary raz na zawsze.

"Błogosławiona niech twoja matka cię tu przysłała. Z mojej strony, obiecuję, że będę starał się wypełnić twoją prośbę. Przepraszam, że tak bardzo podejrzewałem. „Powiedział biskup.

„Proś naszą damę o przebaczenie! Jedynym sposobem na naprawienie twojego braku wiary jest zbudowanie świątyni, którą Juan przypomniał.

"Mam nadzieję! Dzięki za nalegań! Chwalił księdza.

„Na nic! „Juan powiedział.

„Czy mogę złożyć wniosek? „Biskup pytał.

Otwarcie kominka zakończone się pięknym obrazem naszej pani. Natychmiast, biskup spadł na kolana. To był cud, że złamał oporność jego niewiary raz na zawsze.

Błogosławiona niech twoja matka cię tu przysłała. Z mojej strony, obiecuję, że będę starał się wypełnić twoją prośbę. Przepraszam, że tak bardzo podejrzewałem. „Powiedział biskup. "Dasz radę! „Juan powiedział.

„Zabierz mnie do miejsca, gdzie pojawiła się nasza matka. Chcę też oddychać tym powietrzem Świątobliwości! "Posłaniec błagał.

„Jutro. Dzisiaj mam obowiązek. „Poinformował Juana.

„Rozumiem to. Potem jest zaplanowane na jutro. Biskup potwierdził.

„Tak. Aż do czasu. Powiedział sługa naszej Pani.

» Parzysty. "Wielebny został zwolniony.

Wyjeżdżając tam Indianin wraca do domu. Kiedy tam dotarł, znalazł wujka całkowicie zdrowego, gdy rozmawiał ze świętym. Był pełen radości.

"Nic ci nie jest, wujku. Błogosławiona, nasza dama, która cię uleczyła.

Czy to była lekka kobieta, która mnie odwiedziła?

"To ona.

„Błogosławiony Bądź. Zmieniło nasze życie na zawsze.

„Prawda. Twoje imię będzie powiększone na całym świecie.

Obaj objęci chwałą Bogu. Teraz gdy wszystko było dobrze, prośba naszej pani zostanie spełniona, a pokój byłby w Ameryce. Z rozpowszechnianiem tych wiadomości wiele Azteków przekształciło się na chrześcijaństwo.

Nasza dama z Kazan

Kazanskaya – Rosja-1579

To był rok 1579. Kazan, w tym czasie, był już głównie katolickim miastem z kilkoma kościołami i klasztorami. Jednakże grupa stawiała czoła oporności od pogan i muzułmanów. Aby pomóc chrześcijanom, siła powyżej ujawniła się władzą i chwałą w przypadku opisanym poniżej.

Na początku czerwca 1979 roku miasto cierpiało na bardzo destrukcyjny pożar, opuszczając połowę miasta w proch. Wśród zniszczonych domów był ten mały matron. Jego rezydencja została odbudowana, a jedna z pierwszej nocy pod dachem miał proroczy sen. W śnie matka

Boga wskazała miejsce, gdzie zakopano ikonę i kazała jej powiedzieć arcybiskup i sędziom.

Dziewczyna powiedziała matce o sprawie. Jednakże nie zwróciła na nią uwagi. Po powtórzeniu tego samego snu trzy razy stał się przekonany. Przekazali wiadomości arcybiskupa i urzędnikom miejskim. To ich kolej, by nie dawać mu kredytu.

Podążając za instynktem, matka Matrona podniosła łopatę zaczynając kopać w miejscu wyznaczonym przez dziewicę. Z dobrym wysiłkiem, cudownie znalazła ikonę naszej Pani. Wieści rozprzestrzeniły się w całym regionie, z niewiernymi prośbą o przebaczenie dla królowej nieba.

Ikon został następnie przeniesiony do katedry ogłoszenia, liczne cuda zdarzyły się podczas pielgrzymki odwiedzających miasto. Później zabrali ikonę do Moskwy. Stamtąd cała Rosja została pobłogosławiona przez rękę potężnej Dziewicy.

Nasza dama dobrego sukcesu

Ekwador-1594

W 1563 Matka Mariana de Jezus Torres urodziła się w prowincji Viscava w Hiszpanii. Słodka i słodka dziewczynka, jak tylko zrozumiano, ludzie mają dobre intelektualne i religijne tło. Jego podanie o studia zasłużyło na pochwałę rodziców i nauczycieli. W wieku trzynastu lat miał prawo opuścić kraj wraz z ciotką zamieszka w Ekwadorze.

Faza pozorów zaczęła się w miejscu, w którym rozwijał się jego średni statek. Często widziałem świętych, aniołów i demonów. Najbardziej wyraźny spośród nich odnoszą się do tych, którzy są świętej Matki Bożej.

Na pierwszym miejscu Matka Mariana leżała na ziemi, żałowała o swojej kolonii. Dlatego prosił o pomoc najwyższego. Wtedy usłyszał głos, który do niego dzwonił. Kiedy skierowała wizję głosu, zobaczyła wtedy wiele jasności i w jej uznaniu, że nasza dama nosi Jezusa na lewym ramieniu. Kobieta przejęła inicjatywę.

„Jestem Maryja Dobrego Sukcesu, Królowa Nieba i Ziemia. Twoje modlitwy, łzy i pensy są bardzo przyjemne dla naszego niebieskiego ojca. Chcę, żebyś wzmocnił swoje serce, a cierpienie cię nie zniszczy. Twoje życie będzie długie dla chwały Boga i matki, która z tobą przemawia. Mój Najświętszy Syn przedstawia cię z bólem we wszystkich swoich formach. I natchnąć cię z takiej wartości, którą potrzebujesz, weź to z moich ramion do swojej.

Święty dostarczył Jezusa w ramiona. Zaczęło się tam urocze doświadczenie, które służyło żywieniu intymnego pragnienia pocieszenia Chrystusa w jego pasji.

"Bądź Bogiem i błogosławiony, niech będzie dziewica, która go zachowała. Co mogę dla ciebie zrobić? Zapytał służącego.

„Uczynię cię rzecznikiem przyszłych faktów. W ten sposób będę jeszcze bardziej zadowolony z pracy naszego Boga, ujawnił naszą matkę.

"Jestem gotowy! „Mariana stała się dostępna.

„Jestem zadowolony! Teraz muszę iść, wrócę w odpowiednim czasie," powiedział Dziewica.

„Idź w pokoju, moja matko! „Pokojówka chciała.

Błogosławiona dziewica wznowiła swoje dzieci w ramionach i owinięta w świetle niebios w widoku. Zaczęło się seria maryjskich zjawisk w Ekwadorze.

Okazuje się, 16/01/1599.

To była zimna i burzliwa noc, kiedy nasza dama rozmawiała z matką Mariana w prywatności swojego pokoju. Pokazał się w ten sam sposób jak w ogromnym płomieniu światła otoczonym przez anioły.

Przyszedłem przynieść wam wiadomości o przyszłości, jak obiecałem. Po pierwsze, ta ojczyzna przestanie być kolonią i będzie wolną Republiką, znaną jako Ekwador. Potem będziesz potrzebował bohaterskich dusz, by utrzymać się przez tak wiele publicznych i prywatnych nieszczęścia.

"To dobrze czy źle, proszę pani? Zapytał służącego.

„Ma swoje zalety i przeciw. Bycie wolnym ojczyzną wymaga wielkiego mistrzostwa swoich władców. Na szczęście ten kraj to zrobi. W XIX wieku pojawi się prawdziwy chrześcijański prezydent, człowiek charakteru, któremu Bóg da nam dłoń męczennika na placu, gdzie jest mój klasztor. On poświęci Republikę boskiemu sercu mojego najświętszego syna i ta poświęci religię katolicką w późniejszych latach, która będzie płonąć serce dla kościoła.

„Rozumiem, jak bardzo musisz być szczęśliwy. Ale czy nie chciał też chwały dla ciebie? Mariana pytała.

„Moja chwała wkrótce nadejdzie. Kościół ogłasza moje nieskazitelne odbicie i przypuszczenia. Dzięki temu moje imię będzie coraz bardziej świeciło, choć nasze poszukiwania są podziękować imię Pana, córeczko. Jak powiedział mój syn, który chce być wielki, to serwer wszystkich. Upokorzenie jest wielkim cnotą, by być uprawianym przez ludzi.

"Rozumiem, moja matka. Obiecuję, że będę miał tę zaletę razem z nauczaniami Chrystusa.

„W porządku! Mam prośbę o złożenie prośby: To jest wola mojego Najświętszego syna, abyście sami mieli posąg mojej egzekucji, jak widzicie mnie i umieścili na krześle kapłana. Umieszczę w mojej prawej ręce różaniec i klucze od klozetu, jako znak mojej własności i władzy. Włożysz mi lewą rękę, mój boski synu. Ja będę rządził tym Konwentem, który napadł na nieskazitelne.

„Jestem zaszczycony tą konkretną misją. To się spełni w czasie Boga, mała Mariana zaobserwowała.

"Mam w to pełną pewność siebie! "Tak powiedziała nasza matka.

Niech Bóg błogosławi, że dał mi ten przywilej wiedzy o tych rzeczach!" Mariana powiedziała.

„Bądź spokojny! Wrócę innym razem i porozmawiam więcej, w tym z Lady duchów.

I tak powiedziała święta Matka Boga wycofała się wraz z aniołami, którzy opuszczają pokutę. Co jeszcze Bóg przygotował na świat?

Później

Matka Mariana skupiła się na pracy Pana w ciągu następnych lat. Jednak obietnica złożona przed naszą damą jeszcze nie została spełniona. Za to zaniedbanie, cierpiała na silną męczeństwo duchowe. Opatrzność Boża nakazała jej zatrudnić rzeźbiarza Francisco Del Castilho.

W prawie roku, w którym walczył o pracę, którą uznano za katolicką i przewodniczącą chrześcijańskiej rodziny. 9 stycznia, uznał, że praca prawie się skończyła. Brakowało tylko jednej ręki farby. Dał obraz opieki nad zakonnicami klasztoru.

We wczesnych godzinach tego samego dnia, /nadprzyrodzone działały. Słysząc głosy i widząc światła w chórze, zakonnice zbliżały się i zdumiewały to, co widzieli: artystycznie stworzony obraz, który ma kształt. W ekstazie Matka Mariana mogła wiedzieć, że autorzy zakończenia tej pracy byli Święty Francis oprócz Archanioł Gabriel, Michael i Raphael.

Ostatnio rzeźbiarz pracy był pod wrażeniem rezultatu. Podpisanie dokumentu, twierdził, że jest dziełem cudu, a nie jego zdolności. Z tym, wieści o nadprzyrodzonej rzeźbie rozprzestrzeniły się w całym kraju.

Obserwuje, 02/02/1634.

Po kolacji w klasztorze zakonnice rozmawiały w skrytce, kiedy światło zamroczenia zmusiło ich do wczesnego przejścia na emeryturę. Matka Mariana, w spokoju swojego pokoju, otrzymała niespodziewaną wizytę naszej świętej matki w ten sam sposób, jak się przedstawiła innym razem.

"Jestem naszą damą. Niech to zaciemnienie jako symbol Kościoła w XX wieku. Kościół mojego syna zostanie zaćmiony z XX wieku. W klasztorze będzie duchowa katastrofa, a w rozszerzeniu całego kościoła. Niebezpieczeństwo przejmie świat, z przeważeniem trywializmu seksualności; niewinność dzieci zostanie zniszczona, a duchowość zostanie zniszczona, a duchowość zostanie w kryzysie, a duchowość będzie w końcu rozluźnienie, a będzie przeoczona. W tym kontekście dobre wartości zostaną głęboko podważone.

Łzy spadają z twarzy naszej Pani przed złem ludzkości. Mariana płakała razem próbując znaleźć pociechę w obliczu tych przepowiedni.

"Mogę się dowiedzieć więcej o tym, moja matko? "Zapytała o sługę błogosławionego sługi.

„Będzie niemal całkowita korupcja celna, a szatan będzie rządził przez sekty masońskie. W Kościołach sakrament zostaną zbezczeszczone, wykorzystywane i stawiane na szanse. Bardzo smutno mi brak wiary w dusze, upadek dusz religijnych i brak opieki nad kwestiami duchowymi "wyjaśnił Matkę Jezusa.

"Nie rozumiem jednej rzeczy, matko. Co masz na myśli o zbadaniu sakrament w kościele? Zapytał jasnowidza.

„Istnieje przewidywanie apostaty, w Kościołach katolickim, złe zachowanie wysokiego szczebla księży naraża ducha religii. Trudne czasy nadejdą, kiedy właśnie ci, którzy powinni bronić praw Kościoła, będą ślepi, bez osiedlenia strachu lub szacunku ludzkiego, dołączą do wrogów Kościoła, który pomoże im osiągnąć swoje projekty,"

"Jestem smutny. Więc jaka mamy nadzieja? „Mariana płakała.

I kiedy oni okażą się triumfalne i kiedy władza nadużywa ich władzy, popełniając niesprawiedliwość i ucisk dla słabych, to ich upadek będzie bliski. Paraliżowane, spadną na ziemię, ogłosili dziewicę.

"Chwała Panu na wieki! "Powiedziałem, że błogosławieństwo.

Pani Dobrego Sukcesu dała lekki uśmiech satysfakcji. Potem oddał ręce Jezusa, żeby go przez chwilę nosił na kolanach. Dziecko Jezus ujawnił mu w szczególności:

„Dogmat wiary w Nieświadomym Przejmowaniu mojej matki zostanie ogłoszony, kiedy Kościół zostanie pokonany, a mój wikariusz zostanie przetrzymywany. Podobnie, Dogmat wiary w Tranzyt i Zakładanie w ciele i duszę zostanie ogłoszony niebiosom mojej Najświętszej Matki.

„Dobrze, dobrze. Błogosław mamę! "On się cieszył w sługę.

Kiedy Jezus zwrócił matkę, dwaj zniknęli w kolumnie dymu. Chwilę później, medium zasnęła, bo była zbyt zmęczona.

Ostatni raz pojawia się na 12/08/1634.

W kolejną ciemną noc, Błogosławiona Mariana przyjmuje wizytę świętej dziewicy z takim samym wyglądem jak poprzednio. Jak tylko przyjedzie, ogłosi:

Moim czuję pod pocieszeniem przywoływania dobrego sukcesu będzie wsparcie i ochrona wiary w prawie całkowitym korupcji XX wieku.

„Wielka Matko. Co by się z nami stało bez waszej świętej ochrony? W jakich warunkach korupcja tego czasu waży najbardziej? „Średni zapytał.

„Rozkład dotknie duchowieństwo przez cały XX wiek. Księża muszą kochać Johna Mary Vianney z wszystkimi duszami, służącą, która boska dobroć przygotowuje, by uczynił go wzorowym modelem bezinteresownego księdza "Mary ujawniła.

"Przynajmniej mamy to jako pocieszenie. Boję się tego kryzysu. Kto będzie jej pomocnikiem? „Siostra martwiła się o Chrystusa.

„Herezje i sekta, ta instytucja rozprzestrzeni się, by wpływać na wszystkie sektory społeczeństwa, nadejdzie punkt, w którym będzie się infiltrować wszędzie," powiedziała Mary.

„Jakie będzie to konsekwencje w rezultacie związanym z kościołem? „Kontynuowany do widzenia.

„Szatan będzie rządził przez ekstrawaganckie pasje i korupcję celników. Skupi się na dzieciństwie, by utrzymać swoje panowanie. Chłopcy z tamtego czasu! Oni nie otrzymają świętego chrzęstu i potwierdzenia "On powiedział w łzach.

Święty sługa też płakał. Jak to możliwe? To było naprawdę nieszczęśliwe przyszłość ludzkości. Widząc ją w wątpliwość, Mary kontynuowała:

„Sekt przejmie wszystkie klasy społeczne poprzez infiltrowanie konkretnego życia każdego z nich. Dzieciństwo dzieci zostanie utracone. Konsekwencjami tego są to, że niewielu ludzi skupi się na kapłaństwie.

„Czy to ma jakiś wpływ na ich seksualność? Chciałem poznać Marianem.

„Całkowicie, mój aniele. Atmosfera nasycona duchem zanieczyszczeń, że w sposób nieczystego morza, będzie biegać przez ulice, kwadraty i ulice publiczne... Nie będą istnieć dusze dziewicze na świecie. Delikatny kwiat dziewictwa, nieśmiały i groził całkowitą zagładą, światła z daleka, zaślepiony matką Chrystusa.

„Czy na sakrament małżeństwa również będzie dotknięty? „Spytałem pokojówkę.

„Jeśli chodzi o Małżeństwo sakrament, który symbolizuje związek Chrystusa z Kościołem, zostanie zaatakowany i zbezczeszczony w najszerszym stopniu słowa. Złe prawo zostaną nałożone na wymarcie tego Sakrament, ułatwiając wszystkim życie nienarodzonych dzieci bez błogosławieństwa Kościoła, a duch chrześcijański będzie szybko odrzucony," powiedziała Mary.

W tym momencie medium było zasmucone przez wszystkie bombastyczne objawienia. Byłaby przerażona. Mary mówiła o przyszłości.

„Nadal na sakrament, dwa z nich również będą w pełni dotknięte. W tym czasie Sakrament of Ekstremalne abonowanie, ponieważ chrześcijański duch nie będzie w tym biednym ojczyźnie, będzie mało rozważany. Wielu ludzi zginie bez odbioru jej przez nieostrożność rodzin. To samo stanie się z Komunią Świętą. Ale tam! Jak bardzo czuję się, mówiąc, że będzie wiele publicznych świętokradztw, a także ukrytych przed zbezczeszczeniem Dużego Eucharystii. Mój Najświętszy Syn zostanie rzucony na ziemię i zniszczony przez nieczyste stopy, przekazał matkę nas wszystkich.

„Dlaczego tak bardzo zawiodą Chrystusa? „Błogosławiony.

„Przypadki pedofilii, gwałtu i korupcji finansowej. Z powodu grzechów, wiedzcie również, że Boska sprawiedliwość często wypełnia straszne kary na całe narody, nie tak wiele dla grzechów ludzi, jak grzechy księży i religijnej, ponieważ te ostatnie są nazywane przez doskonałość ich stanu, aby być solą ziemi, panów prawdy, i błyskawice boskiej Gniewa "Matka ludzkości powiedziała.

"Jaka jest zatem nasza nadzieja w tym kontekście? Mariana była zainteresowana.

Będzie kilka dusz, które zatrzymają skarb wiary i cnoty. Będą cierpieć okrutną i długotrwałą męczennicę. Wielu z nich zejdzie do grobu przez przemoc cierpienia i będą liczeni jako męczennicy, którzy poświęcili się dla Kościoła i dla Ojczyzny "ogłosił oświeconych.

Jak możemy pozbyć się herezji i tego, co cnoty będą musiały czcić, aby utrzymać łaskę Pana? Błogosławiony był zainteresowany.

„W celu wyzwolenia tych herezji, ci, którym miłosierny Syn będzie poświęcony temu przywróceniu, będą wymagać wielkiej siły woli, stałej, wartości i zaufania Bogu. Aby przetestować wiarę i zaufanie prawych, będą czasy, kiedy wszystko wyda się stracone i sparaliżowane. Będzie to zatem szczęśliwa zasada całkowitego przywrócenia. „Mary ujawniła.

„Dobrze, moja matko. Jak będzie wyglądał Kościół po tych wszystkich faktach? "Zapytał naszą siostrę w Chrystusie.

„A Kościół jako bardzo młoda dziewczyna, powstanie radośnie i triumfalnie, i zasypia delikatnie, pakowany w ręce wykwalifikowanego serca matki mojego ukochanego syna tego czasu. Uczynimy go wielkim na Ziemi i o wiele większe w niebie, gdzie zarezerwowaliśmy dla was bardzo cenne miejsce. Ponieważ bez strachu przed ludźmi walczył o prawdę i bronił praw Kościoła, aby mogli nazwać go męczennikiem "błogosławionym.

"Niech tak będzie! „Mariana radowała się.

"Oto życzę wam pożegnanie mojego świętego syna. Zajmij się moimi owcami! "Powiedziała Dama Duchów.

„Idź w pokoju! Niech was nagrodzą chwałę za to, co czynicie dla ludzi, szlachetny sługa pragnął.

"Przyjemnością jest pomagać moim dzieciom w uwagi. Miej błogosławioną resztę życia na ziemi. Później przyszedłem po ciebie, sam Prometeusz święty.

"Mam nadzieję, że nie zawiodę w mojej misji!" Mała córka Boga poprosiła.

„Miejcie wiarę w moją opiekę, a wy niczego nie brakuje!" Mary powiedziała.

Wreszcie, on wstał do nieba w towarzystwie swego ukochanego syna. To był ostatni raz, kiedy pojawiła się medium. Matka Mariana podążała za swoimi dniami, kończącymi się chrześcijanami Ekwadorki.

Siluva-1457

Pertas Gedgauskas był szlachetnym oddaniem Mary z tego regionu. Jako forma osobistego Święta Dziękczynienia, zbudował drewniany kościół ku czci Matki Bożej. Ta Wieszając wała 40 lat, zniszczona przez pożar. Wieszając ludziom litewskim, świątynia została odbudowana tym razem w Masory. W tym świętym miejscu obraz naszej damy z dzieckiem, które Jezus stworzył w Rzymie. Na tym obrazie zgłoszono liczne cuda. Wkrótce pielgrzymka katolików była intensywna ze wszystkich regionów kraju.

Kilka lat później, na początku XVII wieku, wyznawcy reformy protestantów osiedlili się w regionie i w odpowiednim kraju do tego czasu należących do Kościoła katolickiego. Wielu ludzi zamieniło się w nową sektę. /Po zniszczeniu Kościoła Marii w 1536 roku, /pozostający wierni Marii stracił wiarę, /by znów ją odbudować.

Stracił trochę przestrzeni po trochu, ostatni ksiądz musiał opuścić region. W ostatnim akcie zebrał w klatce piersiowej obiekty, które zachowały się w ogniu i zakopał je w pobliżu miejsca, gdzie był Kościół. W tej chwili wszystko wydawało się zagubione. Ale święty był silny i potężny, co doprowadziło ją do działania dla swojej sprawy.

Siluva -1608

W tych krainach, gdzie znajduje się Kościół Marii, młodzi ludzie padli stada, gdy zobaczyli piękną młodą kobietę siedzącą na kamieniu z chłopcem na kolanach. Aestetyczne czyste, to co było na miejscu zbrodni było krzykiem tej pięknej kobiety. Dzieci o nic go nie pytały. Wracając do domu, powiedzieli rodzicom, co się stało. Od tego czasu wiadomości rozprzestrzeniły się w całym mieście.

Duży tłum uczestniczył w miejscu pełnym ciekawości. Wśród nich był Kalwinista pastor. On krytykował innych za wierzenie w dzieci. Jednocześnie, kobieta znów pojawiła się tak, jak opisali inni widzowie. Pastor wykorzystał okazję, by się z nią porozumieć.

"Panie, dlaczego płaczesz? „Zapytał.

"Płaczę, ponieważ w tym miejscu, gdzie mój syn został pochwalony, teraz jest podłożony i zbierany, wyjaśnił Matkę Dziewicą.

To było napisane, że zniknęło. Kiedy dowiedział się o pozorności, biskup regionu podjął pracę, która dzięki byłemu mieszkańcowi wątpliwości zostały wyjaśnione. Odzyskali zakopaną klatkę piersiową, w której zawarto dokument dotyczący dotacji gruntów kościoła. W posiadaniu dokumentu biskup wszedł do wymiaru sprawiedliwości, który ostatecznie odzyskał grunt w roku 1622. Dlatego też protestanci zostali wyrzuceni z ziemi, która może odbudować Kościół Marii. To był pierwszy raz, gdy oświecony w Europie odzyskał honor jej imienia. Nasza dama z Siluva jest specjalnym obrońcą Litwy.

Nieakuratne przejęcie

Àgreda-Hiszpania

1655-1660

Lokowany w prowincji Sorii, Belka jest bukoliczna majestatyczna wioska. Urodziła się honorowa Maria Jezusa 2 kwietnia 1602. Córka lady Catherine z Arany i Francisco Colonel, jej rodzina była postrzegana jako szlachetna i religijna. Od początku miał kontakt z Christianem dyktuje i zdecydował się znieść grzech, za wszelką cenę za wszelką cenę. Poza tym miał predyspozycję dla naszej pani.

W czasie dzieciństwa i młodości cieszył się spokojem umysłu w wyniku jego prac, myśli i oddania siłom dobrych. Jednakże nic nie jest doskonałe. Stał w obliczu swojej religijnej podróży, różne próby i tak wiele trudności, że czasem czuł się zdezorientowany w Boga.

Niedokładne pozyskiwanie

Konsekwencje tego cierpienia były osobiste izolacje i obojętności wobec innych. W tych chwilach oddech znaczenia czynu z przykładu pasji jego mistrza. Podobno nikt nie wiedział, jak pokonać trudności i w środku tego kontekstu był jedyną linią życia. W Chrystusie czuł się silny i potężny.

W tym sensie rola jego dyrektorów duchowych i jego rodzin stała się niezbędna w jego chrześcijańskim formacie. Z dobrym kierunkiem, który im dał, uczynił coraz bardziej duchowe postępy i w konsekwencji zbliżył się do Boga. W tym momencie pytamy sami siebie, co zróżnicowano sługę tylu wyznawców chrześcijańskich?

Maria Jezusa była przykładem dla wszystkich, którzy ją znali. Od młodego czasu wszystko, co otrzymała od rodziców, wykorzystała na cele charytatywne z biednymi. Ponadto uczestniczył okresowo w wycofaniu, czytał wiele książek religijnych i wykazał głębokie oddanie kwestii religijnych wyjaśnionych w modlitwach, doradztwie innym oraz zastrzeżenie przyjemności ciała. W każdym razie był to model, który był podziwiany i po nim inni pragnęli wiecznego królestwa. Nie trwało to długo, a jego sława rozprzestrzeniła się w całym regionie.

Dzięki rodzicom założyli klasztor we własnym domu. Przez Pana cała rodzina poświęciła się chrześcijaństwu, co rzadko zdarza się w dzisiejszych czasach. Wśród nich, Mary Jezusa powierzono specjalną misję przed całą społecznością i Bogiem.

Z darem bilokacji, może być w dwóch miejscach jednocześnie. To ułatwiło jego kazanie poganom na odległych kontynentach. Kolejną zaletą było pisanie. Przez nią może napisać swoje duchowe doświadczenia, które przyniosły światło zrozumienia wielu dusz. O tych manifestacjach był pokryty intensywną chwałą i ukryte sekrety ujawnione osobie. W przeciwieństwie do tego cierpiał na ciało z powodu słabego zdrowia. Jedna rzecz wydawała się powiązana z drugą dla chwały Pana i podniesienia swej błogosławionej duszy.

A potem przychodzi ciekawość: jak zwyczaje tego honorowego sługi, by tak bardzo zadowolić Boga? Oprócz niezliczonych długów często czcił, dotknął ciała z powodu skrupulatnych przedmiotów i stałego oddania dziewicy. Dlatego była warta uznania za świętą.

Powrót do swojego daru pisania, jego najważniejszą pracą jest zatytułowany» Miasto Boga «, gdzie opisuje historię matki Jezusa. W tej pracy pomogła jej anioły i sama Oświecona. Dzięki odkupieniu została wybrana Matką przełożoną w klasztorze, gdzie wykonywała spektakularną pracę misjonarską. Tylko jego obecność powróciła wiernym i jego słodkim wyrazem. Była dla wszystkich jak matka. W tym miejscu pozostawał przez 35 lat.

Hiszpania toczy się wojna, około 1653 roku, kobieta od Boga otrzymała wizytę Philipa IV. Tak ekscytujące było to spotkanie, że dwaj utrzymywali kontakt przez dwadzieścia dwa lata. Potem jego śmierć przyszła w pełni porozumienie z Bogiem. Maria Jezusa jest przykładem świętości dla całej Hiszpanii.

Pozycje naszej Pani Laus

Saint Étienne-France (1664-1718)

Laus Valley to mała wioska na południu Francji. W tym czasie składał się z około 20 rodzin, których największą wiarę skupiano na liczbach Jezusa Chrystusa i Marii. Największym symbolem tej wiary była kaplica naszej Panny dobrego spotkania na cześć Nieśmiertelnej Dziewicy.

Urodzona we wsi we wrześniu 1647 roku, panna Benoite musiała zostać, przyzwyczaić się do życia pełnego pozbawionego syna rodziny należącego do klasy społecznej ekstremalnej ubóstwa. Sytuacja rodziny pogorszyła się jeszcze z powodu śmierci ojca, kiedy dziewczyna miała tylko 7 lat.

Dzieci musiały zacząć pracować od wczesnego wieku. Alternatywnie, córki kobiet pomogły matce w zadaniach religijnych. W tym ostatnim przedmiocie rodzice dziewczyny byli wzorowi w instrukcji przykazań i praw Boga poza samymi modlitwami.

Kiedy ich dzieci zostały zwolnione z pracy, rodzina zatonęła w głębokim nieszczęściu przez trzy miesiące. Poprzez prośbę Benoite o modlitwę, nasza pani wysłała do domu wysłanników do domu. Oświadczyli pracę członkom rodziny na dwóch farmach. Podziękowanie niebiosom, przyjęli propozycję i więc każdy z nich zaczynał od trudu. Pracą byłoby pasterskie owce.

W jednym z jego dni roboczych, podczas gdy owca modlący się różaniec, wizja elegancko noszącego mężczyznę wydaje się biskupem należącym do Kościoła Wschodniego. Podszedł do dziewczyny, która rozmawiała:

"Moja córko, co ty tu robisz?

„Ja opiekuję się owcami, modląc się do Boga i szukając wody do picia!" Dziewczyna odpowiedziała.

„Ja będę dla was rysował wodę", człowiek był gotowy do studni, która po prostu tam pojawiła się.

Przynosząc wodę, zabiło ją i nasienie zwierząt. Potem wznowił kontakt.

"Jesteś taki przystojny. Jesteś aniołem czy Jezusem? "Chciałem poznać młodą damę.

„Jestem Maurice, któremu poświęcono poświęconą kaplicę. Moja córka, nie wracaj tu. To część innego terytorium, a strażnicy zabraliby stado, gdyby go tu znaleźli. Idź do doliny nad Saint-Étienne. Tam zobaczysz matkę Boga, która jest poinformowana.

", Ale Wasza Ekscelencjo! Jest w niebie. Jak mogę to zobaczyć, gdzie to mówisz? Zapytał sługę.

„Tak. Jest w niebie, na ziemi i gdzie chce ją... Maurice się kłócił.

"W porządku. Posłucham twojej rady, ale nie teraz. Odpocznę trochę z moim stadem, zanim wyjdę... Benoite powiedział.

„Mądra decyzja. Muszę już iść. Niech Bóg cię błogosławi! „Ogłosił starszych.

„Idź w pokoju! "Dziewczyna chciała.

Niedługo po tym, nieznajomy przeszedł kilka kroków na szlaku. Z tym nocą upadła pasterska, by osiadła w lesie. Całą noc myślałem o wizji i wszystkim, co reprezentowało. Gdybym komuś o tym powiedział, byłbym szalony. Ale nie, to było zupełnie normalne. Ponieważ była zbyt zmęczona, wkrótce zasnęła i była ścigana przez prorocze sny. Jego umysł był tylko bałaganem i zaczął się świtać.

Wcześniej spadł na drogę prowadzącą stado do doliny wyznaczonej przez księdza. Nawet wyboiste ulgi, dzikie zwierzęta, ciernie i złe pogoda ją zastraszyły. Zbliżając się do jaskini, miał wizję pięknej damy, która nosi dziecko w rękach. Bez zaufania, pomimo ostrzeżenia, dziewczyna zwróciła się do tej kobiety.

„Piękna pani, co pani tu robi?" Czy jest pani tu, aby kupić gips? Czy byłbyś tak miły i pozwolił nam zabrać to dziecko? Chłopak by nas wszystkich zachwycał.

Dziwna dama wciąż tam była, ale nie odpowiedziała na pytanie dziewczyny, które wywołało większą podziwu na część Benoite. Praca nad wypasem trwała cały ranek. W porze lunchu dziewczyna znowu rozmawiała z tą kobietą.

"Zjesz ze mną? Mam tu pyszne bułeczki.

Uśmiech wisiał na twarzy pięknej pani, ale zachowała milczenie, jak tajemnica otaczająca postać. Przychodząc z jaskinia, jesienią popołudnia nie pojawiło się, że opuszczanie ręki Boga jeszcze bardziej rozważającej z tą wizją.

Jakiś czas później

Ostatnio i w następnych tygodniach dziewczyna pozostawała w swojej pracy pastorskiej. Jednocześnie miał wizje dziwnej kobiety, jej syna i aniołów. Jednakże pani zachowała milczenie, testując cierpliwość i ciekawość dziewczyny.

Dokładnie dwa miesiące po pierwszym pojawieniu się, wreszcie przekazała:

"Benoite, jestem tu, ponieważ cię potrzebujemy, pani ujawniła.

"Kto mnie potrzebuje i o co dokładnie chodzi? „Benoite powiedział.

„Siły dobrego. Twoja misja na ziemi jest wyjątkowa. Będzie zadawana w przemianie biednych grzeszników poprzez modlitwy, poświęcenia, pokuty, pokuty, nakazując ich do podążania drogą dobrego, powiedziała Matka Boska.»

„Czy naprawdę jestem do tego zdolny? Jestem tylko bigot i pesymistką, analizowała dziecko.

"To prawda. W tym papierku jest wielka dusza. Bóg wybrał ją jako nadzieję na wioskę i rozszerzającą Francję. Nie odmawiaj tej specjalnej łaski.

„Kim jestem, by odmówić? Czuj się we mnie zgodnie z twoim słowem.

„Dzięki Bogu! Cieszę się. Na razie proszę, abyś poprowadził ludzi na dobre. 30 podstawowych przykazań dla dobrego chrześcijanina jest krótkie. Zwróćcie uwagę na każdego z nich "poprosili Dziewicę.

"Co to jest? "Zapytałem dziewczynę.

1. By kochać Boga nad każdą rzeczą, dla siebie i dla innych.
2. Nie posiadając ziemskich i niebiańskich bożków, Bóg jest jedyną godną czci.
3. Nie wymawiajcie świętego imienia Boga na próżno i nie kurzcie; My nie karzemy tych, którzy już ich wzywali.
4. Księga przynajmniej jeden dzień tygodnia odpoczynku, najlepiej w sobotę.
5. Ojciec honorowy, matka i rodzina.
6. Nie zabijać, nie krzywdź innych fizycznie lub słownie.
7. Nie majstruj przy pedofilii, zoofilii, kazirodztwie i innych perwersjach seksualnych.
8. Nie kradnij, nie oszukuj w grze ani w życiu.
9. Nie składajcie fałszywych zeznań, oszczerstwa, zniesławienia, nie kłamcie.
10. Nie pożądać ani nie zatroszczyć się towarom innych. Pracuj, by osiągnąć własne cele.
11. Bądź prosty i skromny.
12. Uczciwość, godność i lojalność.
13. W stosunkach rodzinnych, społecznych i pracy zawsze są odpowiedzialne, skuteczne, pomocne.
14. Unikać brutalnych sportów i uzależnienia od hazardu.
15. Nie spożywać żadnego rodzaju narkotyków.

16. Nie wykorzystujcie swojej pozycji, by nawzajem, nawzajem się nawzajem wyładować. Szanuj podwładnego i przełożonego w ich związkach.
17. Nie naruszaj nikogo, przyjmij różne i bardziej tolerancyjny.
18. Nie osądzajcie i nie będziecie osądzać.
19. Nie bądź oszczercą i nie dajcie więcej wartości przyjaźni, ponieważ jeśli będziecie się zachowywać, jakby ci ludzie odeszli od was.
20. Nie Pragi zła innych ani nie chce wzbudzać sprawiedliwości w wasze ręce. Są na to odpowiednie organy.
21. Nie szukaj diabła, aby konsultował się z przyszłością lub współpracował z innymi. Pamiętaj, że za wszystko jest cena.
22. Wiedzcie, jak przebaczyć, ponieważ ci, którzy nie wybaczają innym, nie zasługują na przebaczenie Boga.
23. Ćwiczyć dobroczynność, ponieważ odkupią grzechy.
24. Pomoc lub pocieszenie chorych i rozpaczy.
25. Módl się codziennie za ciebie, twoją rodzinę i innych.
26. Pozostań z wiarą i nadzieją w Bóg niezależnie od sytuacji.
27. Podzielić czas między pracą, wolną i rodziną proporcjonalnie.
28. Praca, by być godnym sukcesu i szczęścia.

Nie chcę być Bogiem, poprzez przekraczanie granic.
30) Zawsze praktykuje sprawiedliwość i litość.
"Jeśli wy i inni podążycie za nimi z oddaniem, obiecuję zbawienie i szczęście na ziemi "błogosławione.
"Obiecuję, że będą was obserwować i ich kazania. Masz we mnie dobrą współpracę. Jak masz na imię? „Zapytał Benoite.
„Możesz mówić do mnie błogosławieństwo, bo teraz mam zobowiązania do podjęcia," kobieta wyjaśniła.
„Idź w pokoju! "Życzenie dla dziewczyny.
W oczach dziecka piękna kobieta, która zmierzała do jaskini z chłopcem na kolanach.

Modlitwa Loretańska

Ostatnio dziewica zbliżyła się do prorok z cichym, słodkim i niesamowicie wybitnym kontraktem. Kiedy zbliżyła się do ręcznego trzymania, przywitała ją następującymi słowami:

"Niech żyje Pan! Wykonałeś swoje zadanie?

"Tak, moja matka. W czasie moich obowiązków pracowałem. To wszystko jest dla mnie za ciężkie. Czasami mam dość noszenia tylu obowiązków w młodym wieku, Benoite narzekał.

"Czujesz się zmęczony? Jestem tu z boskim przytulaniem, by ci służyć. Chodź i odpocznij w mojej szlafroku, Dziewica zaoferowała.

"Dziękuję, moja matko. Dziękuję pokojówce.

Z niewinnością jako dziecko, zbliżała się do godzin leżących na łasce błogosławionej bawiącej się z dzieckiem Jezusem. To doświadczenie wykracza poza ludzkie zrozumienie. W tej chwili Benoite poczuł, że kawałek nieba wciąż żyje.

Po krótkiej drzemce obudził się obok dziwnej kobiety. Potem kontynuowała rozmowa.

"Nauczę cię małej modlitwy. Cieszę się, że modlisz się do niej każdego dnia.

"Jestem gotowy! Dziecko było dostępne.

„Ona nazywa się Modlitwa Małego Loreto. Musisz się modlić, Panie, miej litość nad nami.

Jezu Chryste, miej litość nad nami.

Panie, miej litość nad nami.

Jezu Chryste, słyszałem nas.

Jezu Chryste, dbaj o nas.

Ojcze, niebios, który jest Bogiem, zmiłuj się nad nami.

Synu, odkupienie świata, kim jesteś Bogiem, miej litość nad nami.

Duchu Święty, który jest Bogiem, zmiłuj się nad nami.

Święta Trójca, że jesteś Bogiem, zmiłuj się nad nami.

Świętej Marii, módl się za nami.

Matko Boska,

Święta Dziewica Dziewicy

Matko Jezusa Chrystusa,

Matko Boska, łaska,
Czysta matka,
Bardzo chytra matka,
Nieakuratna matka
Matka nienaruszona,
Miła matka.
Podziwiająca matka,
Matko dobrej rady,
Matko Stwórcy,
Matko Zbawiciela,
Matka karmel i
Bardzo mądra dziewica
Przyznana Dziewica,
Potężna Dziewica,
Łaskawa dziewica,
Wiara Dziewica,
Dziewica Kwiat z Karmel,
Lustro sprawiedliwości,
Bądź pewny mądrości.
Z powodu naszej radości,
statku duchowego,
Waza honorowa,
Insygnia waza oddania,
Myślic róża,
David Tower,
Złoty dom.
Arka przymierza.
Brama Niebios,
Dzień dobry gwiazdo.
Zdrowie chorych,
Odwrócenie grzeszników,
Komfort cierpiących,
Pomóżcie chrześcijanom.
Patronka Karmelitanek,

Królowa aniołów,
Królowa Patriarchów,
Królowa Proroków,
Królowa Apostołów,
Królowa męczenników,
Królowa Spowiedniczki,
Królowa dziewic,
Królowa wszystkich świętych,
Królowa poczęła bez grzechu.
Królowa uspokaja niebo.
Królowa św. Różańca,
Królowo Pokoju,
Nadzieja wszystkich Karmelitów,
Lamp Boży, który odbiera grzechy świata.
Wybacz nam, Panie.
Lamp Boży, który odbiera grzechy świata.
Słyszałem nas, sir.
Lamp Boży, który odbiera grzechy świata.
Miej litość nad nami.
Módl się za nas, Matko Boska.
Że możemy być godni obietnic Chrystusa.

"Panie Boże, błagamy cię, abyś obdarzył swe służby wieczne zdrowie duszy i ciała. I dzięki wspaniałemu wstawieniu świętej Marii, możemy być wolni od tego smutku i cieszyć się wieczną radością. Na litość boską, nasz Panie. Niech tak będzie.

„Ja je udekorowałem. Jaki piękny mały chłopiec! „Dziewczyna była podziwiana.

„Cudowne! Chciałbym, żebyś nauczył ją innych dzieci w wiosce. Powtarzaj to codziennie razem z innymi piosenkami o czcicielu najwyższego. Potrzebujemy wiernych zaręczyn dla naszej sprawy. Mogę na ciebie liczyć? "Zapytałem piękną kobietę.

„Tak. Zawsze, pani, Benoite potwierdza.

"Cieszę się, że to zrobiłeś! Po prostu bądź spokojny! "Powiedział pani.

"Niech tak będzie, chłop przemówił.

Dziwna kobieta zniknęła jak kiedyś. Otoczona tajemnica pozostała nawet po tak długim współistnieniu. Jednak instynktownie zaufanie powierzone przez pastora było bezbłędnym owocem jej wiary w Boga. Dlatego mówi się, że musimy stać się dziećmi, aby zapewnić niebiosa.

Ważna konwersja

Było wiele niewiarygodności w sprawie zeznań młodej kobiety o mariańskich zjawiskach. Jednym z tych ludzi była kochanka dziewczyny, niechlujna kobieta, która nie interesowała się religią.

Pewnego dnia, zamierza zbadać fakty, które przewidziała, że pokojówka idzie na pole ukrywające się za skałą. Chwilę później młoda kobieta przybyła z niezwłocznym pojawieniem się Matki Dziewicy.

"Dzień dobry, proszę pani. Jak się masz?

„Niezbyt dobrze. Za bardzo grzech na mnie patrzy. Przykładem jest twoja pani, która jest ukryta za kamieniem. Powiedz jej, żeby niebluźniąca imienia Jezusa, ponieważ jeśli nadal będzie się tak zachowywać: jej sumienie jest w okropnym stanie. Musi się pokutować "matka Boga powiedziała.

Przed tymi słowami grzesznik płakał i pojawił się przed nimi. Z twardym nastawieniem, obiecał:

"Obiecuję odwołać się i mieć więcej wiary, proszę pani. Przepraszam za wszystko, pani Rolland powiedziała.

"To zależy od ciebie. A co do ciebie, Benoite, kontynuuj swoją pracę katecheta. Moje nieskazitelne serce zawsze będzie chroniło i błogosławiło cię. Pokój i dobrze! „Chciał pan.

„Dziękuję, dziękuję! „Podziękowałem dziewczynie.

Przypadek wzrósł do nieba /według obu. Tym razem duet wrócił do domu całkowicie się zmienił. Ten garnitur był bardziej cudem tej błogosławionej kobiety.

Jestem naszą damą.

Coraz częściej, wieści o pozyskiwaniu proporcji we Francji. Dziewczyna została wezwana na świadka przed sędzią parafii i po szybkim wywiadzie stwierdzono prawdopodobieństwo jej informacji. W tym momencie inni nie wiedzieli, o co chodzi, więc sugerowano, żebym ją o to zapytał.

W tym samym miejscu piękna dama się przedstawiła.

"Dzień dobry, przyszedłem podziękować za waszą pracę z dziećmi i innymi za rozkazy Pana. Należy zebrać wiele owoców "pani zaobserwowana.

"Doceniam twoje zaufanie. W jej imieniu pytam: czy jesteś matką naszego dobrego Boga? Bardzo bym docenił, gdybyś mi powiedział, że tak jest, i zbudujemy tu kaplicę, by ją uhonorować, Benoite.

"Nie ma potrzeby budować tu niczego, ponieważ już wybrałem przyjemne miejsce, jestem Mary, matką Jezusa. Nie zobaczysz mnie tu przez jakiś czas, Mary zakończyła się.

To było napisane, że zniknęło jak dym. Mieszanka smutku i emocji przebiegła przez żyły naszego drogiego sługi. Co teraz będzie? Nie mogłam pomyśleć o twoim życiu bez obecności drogiej matki.

Miesiąc później

Długo oczekiwane spotkanie odbyło się po stronie Ribeira, po drodze, która prowadzi do Laus. Przechodziła przez strumień, który ich paradował, słodka dziewczyna rzuciła się na stopy Dziewicy.

„Dobry Matko. Dlaczego pozbawiłeś mnie radości widzenia się tak długo?

Od teraz, zobaczysz mnie tylko w kaplicy w Laus, nasza święta matka powiedziała.

"Nie znam go. Skąd mam wiedzieć, jak ją znaleźć? „Zapytał dziecko.

„Będziesz wspinał się na wzgórze, rozpoznasz miejsce, kiedy poczujesz słodki zapach," Mary wyjaśniła.

"W porządku. Obiecuję, że jutro pójdę. Teraz nie mogę, bo muszę poderwać owcę, Benoite kłócił się.

"Wiem, dziecko. Nie ma problemu. Będę czekał, to się stało oświecone.

Pomachają rękami na pożegnanie, nasza matka zniknęła wśród chmur. Pełna radości, medium poszedł zająć się jej pracą. Jednakże jego myśli nie wyszły z wiadomości. Jak dobrze było być sługą Mary!

Wcześnie zaczęła chodzić po śladach. Znalezienie siły w swojej wiąże, każdy krok, który zrobił, był nagrodą w poszukiwaniu świętej kaplicy, gdzie spotkał ukochanego przyjaciela. W tej chwili czucie, że nosił na klatce piersiowej było jednym z pokojowych, szczęścia i wypełnionych misji. Mary oddała życie całkowicie bogaty i nowy wymiar.

Zbliżał się do Laus, zaczął chodzić w tę i z powrotem szukać sygnału. Wreszcie cud zdarzył się przed pewnym budową: pokorny budynek mierzący dwa metry kwadratowe. Kiedy drzwi były otwarte, udało jej się wejść. Wpadł na proste środowisko, które było z ołtarzem gipsu, gdzie były dwa drewniane świeczniki. Na ołtarzu była droga matka, która nosiła niewytłumaczalny uśmiech.

"Moja córko, bardzo mnie szukałaś, ale nie powinnaś płakać. Mimo to uszczęśliwiłeś mnie, że nie jesteś niecierpliwy, Mary zaobserwowała.

„Dziękuję za komplement, proszę pani. Mam ci położyć fartuch pod stopami? Za dużo pyłu! "Powiedziała dziewczyna.

„Nie, moje dziecko. Wkrótce nic nie będzie brakowało w tym miejscu ani odzieży, ani ołtarza pościeli, ani świec. Chciałbym, żeby na tej stronie zbudowano duży kościół, wraz z budynkiem, który ma mieszkańców. Kościół zostanie zbudowany na cześć mojego drogiego syna i mnie. Tutaj wielu grzeszników zostanie przekształconych. Będę się tu pojawiał wiele razy, Matka Boska ogłosiła.

„Budowanie kościoła? Nie ma na to pieniędzy. Znaleziono niewinne dziecko.

"Nie martw się o to. Kiedy nadejdzie czas, znajdziesz wszystko, czego potrzebujesz, i to nie potrwa długo. Biedni wszystko zapewnią. Nic nie będzie brakowało Prorokowanej pani.

"Ja w ciebie wierzę. Mam kontynuować? "Zapytał pokorną dziewczynę.

„Mam dwa prośby do was: Po pierwsze, ciągle przebywam nad grzesznikami. Po drugie, przestań stad. Chcę, by wasze pełne oddanie misji, która ma być zamieniana w grzeszników "powiedział Dziewica.

"Co mogę powiedzieć? Jestem na to gotowa. Bądź we mnie stworzony według twoich słów "Benoite potwierdził.

"Jestem ogromnie szczęśliwy. Zawsze będę w tej kaplicy. Rozdzielanie się między ludźmi a zapytaniem matki Jezusa.

„Zrobię to z całą miłością, dziękuję, moja matko," powiedział dziecko.

„Na nic, córko "to, co odpowiada temu zjawiskowi.

W końcu pożegnanie Mary nie było. W ciągu następnych lat, wiadomości o pozorach rozprzestrzeniły się w całym kraju, przynosząc licznym turystom religijnym do Laus. Cuda i błogosławieństwa ciągle rosną wiarygodność faktów.

Ebrun był diecezja, której Laus był częścią. W obliczu tych wydarzeń wikariusz miasta napisał do diecezja biskupa wyjaśniający fakty i poprosił o przeprowadzenie dochodzenia ekskluzywnego, aby je odpowiednio ustalić.

Jakoś nie przyjął wniosku, ponieważ osobiście nie był przekonany o swojej prawdziwości. Jednakże z jego obowiązkiem podróżował do Laus z inni emisariusze, aby przesłuchać słynnego widza.

W dzień i w czasie spotkali się z zalotnikiem. W skrócie rozmowy możemy zobaczyć ten pomiar.

"Nie myśl, że przyszedłem tu, by zatwierdzić twoje marzenia i iluzje, i wszystkie dziwne rzeczy, które mówią o tobie i tym miejscu. To moje przekonanie i wszyscy, którzy mają zdrowy rozsądek, że twoje marzenia są fałszywe. Zamknę tę kaplicę i zakażę oddania. A co do ciebie, wszystko, co musisz zrobić to wrócić do domu," biskup powiedział poważnie.

"Wasza Eminencjo! Chociaż macie moc, by Bóg przychodził do ołtarza każdego ranka za boską moc, którą otrzymał, kiedy został księdzem, nie macie rozkazu oddać swej świętej Matce i co chcecie jej tutaj zrobić!"

"Jeśli to, co ludzie mówią, to módlcie się do niej, by pokazała mi prawdę poprzez znak lub cud, a wtedy zrobię wszystko, co w mojej mocy, by osiągnąć jej wolę. Ale po raz kolejny uważaj, że te wszystkie rzeczy nie są złudzeniami i skutkami wyobraźni, by oszukiwać ludzi. Nie pozwolę na nadużywanie i walkę ze wszystkimi środkami na palce "biskup skazany.

"W porządku. Będę się modlił, aby potwierdzić widzącego.

„Jesteś zwolniony na razie", on stwierdził.

„Bardzo dziękuję! „Podziękowałem dziewczynie.

Po dziewczynie lokalny ksiądz parafialny i świadek też byli przesłuchiwani. Bycie samotnym, biskup i jego doradcy planowali wyjechać tego samego dnia. Ulewny deszcz zmusił go do pozostania jeszcze dwa dni.

Ostatniego dnia w nowenna, w końcu zobaczy cud, którego zażądał. Kobieta o imieniu Catherine Vial znana w regionie, z powodu bycia fizycznie upośledzoną, została natychmiast uleczona od oddania naszej pani Laus.

W ten sposób proces usuwania został pomyślnie zakończony. Zgodnie z życzeniem Mary, piękny kościół zbudowano na miejscu, by zastąpić kaplicę. To była wspaniała robota naszej matki. Przez Laus, cała Francja byłaby chroniona i chroniona. Błogosławiona Matka Jezusa!

Koniec

www.ingramcontent.com/pod-product-compliance
Lightning Source LLC
LaVergne TN
LVHW020445080526
838202LV00055B/5345